AF359928

LES FESTES GALANTES,

BALLET

EN MUSIQUE,

REPRESENTE'E

PAR L'ACCADEMIE ROYALLE

DE MUSIQUE.

On le vend

A PARIS,

A l'Entrée de la Porte de l'Academie Royalle de Musique
au Palais Royal, ruë Saint Honoré.

Imprimé aux dépens de ladite Academie.

Par CHRISTOPHE BALLARD, seul Imprimeur du Roy
pour la Musique.

M. DC. XCVIII.

AVEC PRIVILEGE DU ROY.

A V I S.

J'A Y balancé long-tems si je laisserois à ce Ballet, le Titre que l'on sçait qu'il avoit deux ans avant que l'on eût pensé à faire l'Europe Galante. Le hazard a fait tomber les mêmes caracteres dans l'esprit de deux personnes, qui pour lors ne se connoissoient point. Quoy que le Sujet soit manié differemment, j'ay crû devoir dépaïser mes Personnages, & les habiller d'une autre façon ; Pour le Titre, on jugera si j'ay eu tort ou raison de le laisser, & s'il m'êtoit possible de faire autrement. Cela, aussi bien que le bon ou le mauvais succés de cet Ouvrage, est à la décision du Public ; son goût & ses arrêts font ma regle, & s'il s'amuse ou s'ennuie, j'avoüeray sans vaine gloire ou sans répugnance, que j'auray bien ou mal fait.

ACTEURS
DU PROLOGUE.

THALIE, Muſe.

Suitte de Thalie.

BACHUS.

Chœur *et* Troupe d'Indiens & de Bacchantes.

COMUS, Dieu des Feſtins.

PROLOGUE.

Le Théatre represente un lieu que Thalie
a fait orner pour y célébrer des Jeux.

THALIE.

REvenez, doux Plaisirs, renaissez, Jours
    heureux,
  La Paix en ces lieux vous rappelle.
  Rien ne doit plus troubler nos Concerts
        & nos Jeux,
  L'Amour va faire une moisson nouvelle,
    De ces cœurs fiers & genereux
Que la Gloire jalouse enchaînoit auprés d'elle ;
Revenez, doux Plaisirs, renaissez, Jours heureux,
    La Paix en ces lieux vous rappelle.
Le Vainqueur a forcé la Discorde cruelle
    D'eteindre sa rage & ses feux ;
Revenez, doux Plaisirs, renaissez, Jours heureux,
    La Paix en ces lieux vous rappelle.

EES FESTES GALANTES,
LA SUITE DE THALIE.
Revenez, doux Plaisirs, renaissez, Jours heureux,
La Paix en ces lieux vous rappelle.

On entend un bruit de Trompettes.

THALIE.

Quels sons font retentir ces aimables retraites ?
J'entens les bruyantes Trompettes,
La Terre leur répond & frémit sous nos pas.
Quelle pompe vient me surprendre ?
Ou mon Héros en ces lieux va se rendre,
Ou le Maître des Dieux va descendre icy bas.

Les Indiens entrent en dansant ; Bachus arrive
en suite accompagné de Comus.

ENTRE'E DES INDIENS.

THALIE à BACHUS.
Sont-ce des Chants de Victoire ou de Guerre,
Que je viens d'entendre éclater ?
Bachus cherche-t'il sur la Terre
Quelqu'endroit encore à domter ?
BACHUS.
Des lieux où le Soleil commence sa carriere,
Aux Climats reculez où s'éteint sa lumiere,
Ma gloire n'a plus d'ennemis ;
La Paix a banni les allarmes,
Et tout l'Univers m'est soûmis
Par mes bien-faits, ou par mes armes.

PROLOGUE.

La Discorde gémit, mais ses regrets sont vains,
Ne songeons qu'à former les plus Galantes Festes ;
Nous sommes secondez par le Dieu des Festins ;
La gloire de causer le bonheur des humains
  Vaut les plus brillantes conquêtes.

THALIE, BACHUS, COMUS.

Le calme & les plaisirs vont régner désormais.
Cessez, troubles cruels, fuyez, Discorde horrible.

THALIE, COMUS.

Le Vainqueur des-armé veut que tout soit paisible,
  La Victoire & la Paix
  Comblent tous ses souhaits.

THALIE, BACHUS, COMUS.

  La Victoire & la Paix
  Comblent tous ses souhaits.

CHOEUR.

Cessez, troubles cruels, fuyez, Discorde horrible,
Le Vainqueur des-armé veut que tout soit paisible ;
  La Victoire & la Paix
  Comblent tous ses souhaits.

SECONDE ENTRE'E.

La Suite de Thalie se mêle avec celle
de Bachus.

COMUS.

  Servez-vous de nôtre secours,
  Amants qui cherchez tous les jours
  Un moment trop lent à paroître ;

LES FESTES GALANTES.

Cet inſtant ſi propice a vos tendres deſſeins,
C'eſt le Dieu de la Table & celuy des Raiſins,
Qui le plus ſouvent le font naître.

UNE BACHANTE.

Entre le vin & la tendreſſe
Partageons nos deſirs,
Banniſſons de nos Jeux une injuſte ſageſſe
Qui s'oppoſe à nos plaiſirs
Un doux oubli peut rendre legitime
Ce que ſes loix deffendent chaque jour ;
Prenons du vin & nous pourrons ſans crime
Prendre de l'amour

La Suite de Bachus recommence ſes Danſes.

UNE SUIVANTE DE THALIE.

Ne vous rebutez point, Amants aimez ſans ceſſe ;
L'Amour, pour augmenter le deſir qui vous preſſe,
Aime a cacher le tems qui vous doit rendre heureux ;
Et vous quittez ſouvent une tendre maîtreſſe
Au moment fortuné qui combleroit vos vœux.

UNE AUTRE.

Ne vous deffendez plus de former de doux nœux,
Triſte devoir ! raiſon cruelle !
Pourquoi vous oppoſer à la loy naturelle
Qui forme le penchant de nos cœurs amoureux ?
En vain nous combattons une aimable foibleſſe,
Les Dieux les plus puiſſans ne ſçauroient la domter ;

PROLOGUE.

Et, quand le sort conduit les traits dont l'Amour blesse,

Que sert-il de lui résister?

DERNIERE ENTRE'E.

THALIE.

Venez, suivez mes pas, aimables enjoûmens,
Par vos jeux, vos déguisemens,
Du retour de la Paix consacrez la mémoire,
Un Vainqueur glorieux la donne à nos desirs,
Tout l'Univers s'unit pour célébrer sa gloire,
Unissons-nous pour former ses plaisirs.

CHOEUR.

Du retour de la Paix consacrons la mémoire,
Un Vainqueur glorieux la donne à nos desirs;
Tout l'Univers s'unit pour célébrer sa gloire,
Unissons-nous pour former ses plaisirs.

FIN DU PROLOGUE.

ACTEURS DU BALLET.

CÉLIME, Reine de Naples, aimée d'Idas, de Sostrate & de Carlos, & amoureuse d'Idas.

CLÉONICE, parente de Célime amoureuse d'Idas.

CARLOS, Prince de Sicille, amant de Célime.

IDAS, Prince de Toscane, amant de Célime.

SOSTRATE, Prince Persan, amant de Célime.

Suite de Carlos sous la figure de Pêcheurs & de Matelots.

Suite d'Idas sous la figure de Bohémiens & de Bohémienes, d'Ameriquains & d'Ameriquaines.

Suite de Sostrate, sous la figure de Vilageois & de Pastres.

Chœur & Troupe de Napolitains sous divers déguisemens qui célébrent les Nôces de Célime.

La Scene est à Naples.

LES

LES FESTES GALANTES,

BALLET.

ACTE PREMIER.

Le Theatre represente le Palais
de Célime.

SCENE PREMIERE.

IDAS, SOSTRATE, CARLOS ensemble.

ormons une parfaite & douce intelligence,
Qu'une tendre amitié nous unisse à jamais.

CARLOS.

La Sicile est soûmise à mon obeïssance.

A

IDAS.

La Toscane est sous ma puissance.

SOSTRATE.

Quel destin en mon cœur peut former des souhaits ?
Du Sang des Roys Persans j'ay reçû la naissance.

IDAS, SOSTRATE & CARLOS.

Formons une parfaite & douce intelligence,
Qu'une tendre amitié nous unisse à jamais.

SOSTRATE à Carlos.

Nos cœurs doivent être sans feinte ;
Vous paroissez toûjours inquiet, allarmé.

CARLOS.

Des maux les plus cruels je sens mon ame atteinte ;
J'aime, & je n'ose, helas ! me flatter d'être aimé.
Mille transpors jaloux combattent ma tendresse,
Vainement des froideurs d'une fiére maîtresse,
Je cherche à découvrir le principe fatal ;
Ah! dans les noirs soupçons dont mon ame est saisie,
Il n'est point de mortel en qui ma jalousie
Ne pense trouver un Rival.

à Sostrate.

Que vôtre repos a de charmes !
Vos jours heureux coûlent dans les plaisirs ;
Vous vivez sans chagrin, sans trouble, sans desirs.

SOSTRATE.

L'Amour m'a fait rendre les armes,
Mais je verrois méprifer mes foûpirs,
Sans qu'il m'en coutât tant d'allarmes.
Charmé d'une jeune Beauté,
Je foûmets à fes loix un cœur fincere & tendre;
Si par une injufte fierté
Elle refufe de fe rend;e,
Je reprendray ma liberté.

CARLOS.

Que vous eftes heureux! vous aimez fans foiblefse.

CARLOS & SOSTRATE.

Mais, qui peut dans Idas caufer tant de triftefse?

IDAS.

Je gémis fous les coups d'un deftin rigoureux.

CARLOS, SOSTRATE.

L'amour caufe-t'il vôtre peine?

IDAS.

Malgré mon fort cruel, que je ferois heureux,
Si le dépit pouvoit rompre ma chaîne!
Je languis pour une inhumaine
Qui n'a jamais flatté mes vœux;
Quand mon amour augmente, il redouble fa haine,
Et fa haine ne fert qu'à redoubler mes feux;

 LES FESTES GALANTES,
Malgré mon sort cruel, que je serois heureux.
Si le dépit pouvoit rompre ma chaîne !

IDAS, SOSTRATE, CARLOS.

L'Amour nous soûmet à ses coups,
Prétons-nous à l'envy des secours favorables ;
Les Amants les plus miserables
Touchent souvent de prés au destin le plus doux.

CALOS.

Je prépare une Fête à l'objet qui m'enchante.

IDAS.

J'ordonne de superbes Jeux.

SOSTRATE.

Je veux qu'une pompe galante
Fasse éclater mes transports amoureux.
Célime par mes soins connoîtra si je l'aime....

IDAS, CARLOS.

Célime ! ah ! Ciel !

IDAS à CARLOS, CARLOS à IDAS, SOSTRATE à tous les deux.

D'où vient cette surprise extrême ?

CARLOS.

Elle a séduit mon cœur.

IDAS.

Mes yeux en sont charmez

CARLOS, IDAS.

Qu'ay-je entendu? Dieux!

IDAS à CARLOS, CARLOS à IDAS,
SOSTRATE à tous les deux.

Vous l'aimez!

SOSTRATRE.

Etouffons une plainte vaine,
Le Sort nous a conduits en ces heureux Climats,
Célime en est la Souveraine,
Et l'Amour y retient nos pas;
Attendons que la Reyne entre nous se déclare,
Et sans que rien nous trouble & nous sépare,
Adorons toûjours ses appas.

CARLOS.

Non, non, je romps l'amitié qui nous lie,
Ce doux nom parmi nous ne nous est plus permis,
Je ne puis voir en vous que de fiers ennemis
Qui veulent m'arracher le bonheur de ma vie.
J'ignore si Célime écoutera vos feux;
Mais, quand vous aspirez à regner dans son ame,
Songez, pour moderer l'ardeur qui vous enflame,
Que Carlos en est amoureux.

Il sort.

SOSTRATE.

Un Rival tel que luy ne doit pas être à craindre,
Je ris de son orgueil jaloux.
Faudra-t'il rompre aussi tous les nœuds qu'entre
nous. . . .

IDAS.

A vous haïr rien ne peut me contraindre,
Et ce n'est qu'au Destin que je prétens me plaindre
D'avoir pû m'opposer un Rival tel que vous ;
Mais Célime paroist-

SCENE DEUXIE'ME.

CE'LIME, SOSTRATE, IDAS.

SOSTRATE à Célime.

QUe vous causez d'allarmes !
Voulez-vous à vos loix asservir tous les cœurs ?
Vous contraignez Idas à répandre des larmes,
Vous causez de Carlos les jalouses ardeurs,
Et l'amour malheureux que m'inspirent vos charmes
M'abandonne à mon tour à toutes vos rigueurs.

CE'LIME.

Ay-je pû remporter cette illustre victoire ?

SOSTRATE.

Vôtre cœur en est-il flatté ?

CELIME.

Une si grande gloire
Suffiroit a ma vanité ;
Mais, s'il faut vous parler avec sincerité,
Je vous connoi trop pour vous croire.
Mille beautez, vous charment tour à tour,
Vous n'aimez jamais plus d'un jour ;
Vôtre flame est sans cesse une flame nouvelle :
Qui n'a jamais été fidelle,
N'a jamais ressenti de veritable amour.

SOSTRATE.

Vous pourriez aujourd'huy fixer mon inconstance ;
Mais je le voy, vous rejettez mes vœux,
Je seray, selon l'apparence,
Du nombre des Amants dont la perseverance
Ne peut fléchir vôtre cœur rigoureux.

CELIME.

Mon cœur n'est pas si cruel qu'on le pense,
Je ne veux jamais faire un Amant malheureux ;
Je luy montre toûjours assez d'indifference
Pour éteindre ses feux.

IDAS.

Cruelle, c'est à moy que ce discours s'adresse,
Vous insultez à ma foiblesse.

Ne vous rendrez-vous point à ma fidelité?
Faut-il gémir & soûpirer sans cesse?
Et dois-je toujours voir regner la cruauté,
Dans ces yeux, où mon cœur a pris tant de tendresse?
Vous ne répondez point. O Dieux!

CE'LIME.

Je voy Cléonice paroître,
Laissez-nous seules dans ces lieux;
Avant la fin du jour, peut-être,
Mes secrets sentimens s'offriront à vos yeux.

SCENE TROISIE'ME.

CE'LIME, CLE'ONICE.

CE'LIME.

*J*E *ne sçaurois te cacher ma foiblesse.*
Entre tous ces Amants dont je fais les desirs,
Idas, le seul Idas m'arrache des soûpirs.

CLE'ONICE.

A part.
Idas! ah Ciel! cachons ma fatale tendresse.

A Célime.
Je crains pour vôtre amour un succés malheureux.

CE'LIME.

De quelle crainte allarme-tu ma flame?

CLE'ONICE.

CLÉONICE.

Peut-être d'autres yeux regnent-ils sur son ame.

CÉLIME.

Acheve, quels appas ont allumé ses feux?

CLÉONICE.

Il nous cache avec soin le penchant qui l'entraîne,
Mais nous sçaurons bien-tôt le nom de son vainqueur.

CÉLIME.

Idas me tromperoit? ô Fortune inhumaine!
Helas! si dans ses fers un autre objet l'enchaîne,
Qu'il en va coûter à mon cœur!

Que mon Amant n'est-il sincere!
Que nous perdons tous deux de tranquilles plaisirs!
Sensible à son ardeur, contente de luy plaire,
Mon cœur charmé préviendroit ses desirs.
Que de douces langueurs! que de tendres soûpirs!
A nos vœux les plus doux rien ne seroit contraire;
Les gazons, l'ombre, les Zephirs,
De nos feux innocens serviroient le mistere.

Que mon Amant n'est-il sincere!
Que nous perdons tous deux de tranquilles plaisirs!

CLÉONICE.

Carlos doit sur Idas avoir la préférence.

CÉLIME.

De qui me parles-tu? mais, ô Ciel! il s'avance.

B

SCENE QUATRIE'ME.

CE'LIME, CLE'ONICE, CARLOS.

CARLOS.

Das vient de quitter ces lieux,
Sans doute vôtre cœur est sensible à sa peine ;
Vous ne me dites rien, vous détournez vos yeux ;
Ah ! je le voy bien, inhumaine,
Je suis le seul Amant dont l'aspect odieux,
Vous peut inspirer de la haine.

CE'LIME.

Je ne révele point mes secrets sentimens ;
Mais je plains l'état où vous estes,
Si de telles ardeurs troubloient tous les Amants,
Ils feroient bien peu de conquêtes.

CARLOS.

A mon juste dépit que ne puis-je obéïr !
Que ne cessez-vous d'être belle ?
Quand pourais-je joüir, cruelle,
De la douceur de vous haïr.

CELIME.

Qui vous retient?

CARLOS.

Hé ! que puis-je entreprendre,
Contre vos funestes appas?
Vous sçavez-bien cruelle, helas !
Que je ne sçaurois m'en deffendre.

CELIME.

Je veux secourir vôtre cœur,
Et seconder le courroux qui l'emporte,
Je vais traiter vos feux avec tant de rigueur,
Que vôtre haine enfin sera plus forte
Que mes attraits ny vôtre ardeur.

CARLOS.

Vous insultez, ingrate, un Amant trop sincere,
Est-ce là de mes feux le prix que je reçoy?

CELIME.

Comment calmer vôtre colere?

CARLOS.

Haïssez tout le monde, & ne plaisez qu'à moy

CELIME.

Et puis-je m'empécher de plaire?

On entend une douce Simphonie.

CELIME, CLEONICE, CARLOS.

Quelle troupe galante en ces lieux vient se rendre?

CELIME.

Quels chants nouveaux? qu'ils ont d'appas!

CLEONICE.

Ce sont de doux concerts que vous prépare Idas.

CELIME.

Carlos avec plaisir pourra-t'il les entendre?

CARLOS.

Ils vous plairont assez, pour ne me plaire pas.

Il sort.

SCENE CINQUIE'ME.

CELIME, CLEONICE, IDAS.

Suite d'Idas en Bohémiens & en Bohémienes,
Amériquains & Amériquaines.

IDAS à Célime.

REcevez ces tendres concerts?
Mon cœur rebuté de vos fers

Devroit chercher la paix que vous m'avez ravie ;
Mais, malgré la rigueur de vos injustes Loix,
 Qui vous a pû voir une fois,
 Doit vous aimer toute sa vie :
Que tout ce qui me suit vous fasse icy sa Cour,
Regnez sur tous les cœurs, joüissez de la gloire,
De dispenser par tout, le respect & l'amour ;
 Mais à la fin sensible à vôtre tour,
Souffrez que jusqu'à vous il porte sa victoire.
Regnez sur tous les cœurs, joüissez de la gloire,
De dispenser par tout, le respect & l'amour,

 Le Chœur repéte ces paroles :

Regnez sur tous les cœurs, &c.

ENTRE'E DE LA SUITE D'IDAS.

UN ITALIEN.

Ebro far voglio il mio core ;
D'i quel miel che d'entro i baci ;
All'ardor delle sue faci,
Stillar suole il Dio d'amore.

La Suite d'Idas recommence ses Danses.

FIN DU PREMIER ACTE.

ACTE II.

Le Théatre repréfente le Port de Naples.

SCENE PREMIERE.

CLEONICE feule.

AH! qu'il eft mal-aifé de cacher dans
fon Ame,
Les tranfports inquiets d'une amou-
reufe flâme!
Interdite, craintive, en voyant mon vainqueur,
J'impofe à mes regards un pénible filence,
Je crains que dans mes yeux une douce langueur,
Trahiffant malgré moy le fecret de mon cœur,
Ne découvre la violence.
Des maux dont je fens la rigueur;
Ah! qu'il eft mal-aifé de cacher dans fon Ame,
Les tranfports inquiets d'une amoureufe flâme.

J'aime Idas, & Célime est sensible à ses feux,
Il brûle d'amour pour elle ;
Mais d'un fatal hymen j'ay reculé les nœux,
Idas croit que Célime a rejetté ses vœux,
Célime le croit infidele ;
Puisse-t'il, rebuté d'un tourment rigoureux,
Et sensible à l'excés de ma peine cruelle,
Me choisir pour le rendre heureux.
Il paroît ; achevons, & par nôtre artifice,
Rendons son désespoir à mon amour propice.

SCENE DEUXIE'ME.

CLEONICE, IDAS,

CLEONICE à part.

AMour, ne m'abandonne pas !

à Idas.

Vous cherchez en ces lieux celle qui vous engage,
D'une ingrate beauté, pourquoy suivre les pas ?
Mille objets plus charmans cheriroient l'avantage,
De vous faire éprouver dans un tendre esclavage,
Tout ce que l'amour a d'appas ;
Que vous seriez heureux, Idas,
Si vous pouviez être volage !

IDAS.

Si vous êtes sensible à mon sort rigoureux,
*   Plaignez l'excés de ma tendresse ;*
Je rougis de mes fers, mais je sens ma foiblesse,
*   Et je ne puis briser mes nœux.*
Quoy ! Célime toûjours sera-t'elle inflexible ?
*   Ne puis-je voir changer mon sort ?*

CLEONICE.

Aprés tant de mépris, pouvez-vous bien encor,
Vous flatter de l'espoir de la rendre sensible ?

IDAS.

L'espoir qui me séduit adoucit mes malheurs ;
Je me trompe, il est vray, mais mon erreur m'est chere,
Souvent chez les Amans, un bien imaginaire,
*   Sçait enchanter les plus vives douleurs.*

CLEONICE.

Non, non, c'est trop languir dans une indigne
*   chaîne,*
*   Carlos triomphe de vos feux.*
Il est aimé.

IDAS.

Carlos ? juste Ciel ! l'Inhumaine !

CLEONICE.

Peut-estre un doux Hymen va-t'il combler ses
*   vœux.*

Que

Que le depit vous dégage,
Méprisez qui vous outrage,
Hâtez-vous de briser vos fers ;
Las d'une constance vaine,
Il faut mesurer vôtre haine
Aux maux que vous avez soufferts.

IDAS.

O Dieux !

CLE'ONICE.

Je voi le trouble où se jette vôtre ame.

CARLOS.

Je cede au courroux qui m'enflâme.

Fureurs, transports jaloux, éclatez en ce jour ;
C'est trop long-temps souffrir une peine mortelle,
Je vais aux yeux de la cruelle
Expirer de rage & d'amour.

CLE'ONICE.

Arrétez.

IDAS.

Il est temps que mon malheur éclate...

CLE'ONICE.

Non, demeurez, je puis vous secourir ;
J'imagine un secret pour confondre l'ingratte,
Qui pourroit même l'attendrir.

LES FESTES GALANTES.

IDAS.

Vous pourriez terminer mes mortelles allarmes.

CLEONICE.

Célime va bien-tôt porter icy ses pas ;
Cent fois dans ses regards j'ay vû son embaras,
De vos doux entretiens elle veut fuïr les charmes ;
Peut-être que, doutant de vôtre tendre ardeur,
Elle craint à vos yeux d'en faire trop paroître.

IDAS.

Dieux ! que ne peut-elle connoître,
Jusqu'où vont les transports qui déchirent mon cœur.

CLEONICE.

Suivez un conseil salutaire ;
Je sçaurai l'engager, cachée en ces détours,
D'entendre le recit que vous viendrez me faire
De vos tendres amours ;
Vous feindrez en parlant d'ignorer ce mistere,
Peut-être que vos pleurs, vos amoureux discours,
Pourront fléchir son cœur severe.

IDAS.

Que ne vous dois-je point, pour ce conseil sincere ?

CLEONICE.

Elle vient ; remettez vôtre sort en mes mains,
Et revenez bien-tôt seconder mes desseins.

Idas sort.

SCENE TROISIE'ME.

CE'LIME, CLE'ONICE.

CE'LIME, fans voir Cléonice.

QUe tes feux, Amour, font à craindre !
Faut-il qu'a nous livrer aux plus cruels malheurs,
Tes charmes puiſſent nous contraindre ?
Helas ! ſi les plus tendres cœurs,
Sont ſous tes Loix les plus à plaindre ,
A qui donnes-tu tes faveurs ?

CL'EONICE.

Vôtre amour pour Idas , vous fait rêver ſans ceſſe ;
Peut-on pour un Ingrat qui nous oſe trahir,
Conſerver ſi long-temps une indigne tendreſſe ?

CE'LIME.

J'anime mon couroux , je voudrois le haïr ;
Mais s'il faut à tes yeux découvrir ma foibleſſe ,
Mon cœur, mon lâche cœur, ne ſçauroit m'obéïr.

Je ne croy qu'à regret qu'Idas eſt infidelle.

CLE'ONICE.

Hé bien, ſçachez l'objet qui charme ſes eſprits,
De mes foibles attraits le perfide eſt épris,
Et c'eſt à moi qu'il jure une ardeur éternelle.

C j

LES FESTES GALANTES.

CE'LIME.

Qu'entens-je, malheureuse ?

CLE'ONICE.

Il se montre à nos yeux,
Feignez d'éviter sa presence,
Et pendant quelque tems cachez-vous en ces lieux,
Vous ne verrez que trop quelle est son inconstance.

SCENE QUATRIEME.

CE'LIME à l'écart, CLEONICE,
IDAS.

CLEONICE à part.

Dans le piége fatal j'ay sçû les engager.

à Idas.   Voyez pour vous ce que j'ose entreprendre ;
Ici sans crainte & sans danger
Vôtre amour peut se faire entendre.

IDAS.

Vous connoissez le feu qui devore mon cœur.
Combien de fois, helas ! le trouble de mon ame
S'est-il fait voir aux yeux de mon vainqueur ?
Hé quels témoins plus forts de l'ardeur qui m'enflame
Que ma constance & sa rigueur !
Mais je verrai finir ma peine,
Cléonice est sensible à mes vives douleurs.

CE'LIME cachée.

Le perfide !

IDAS.

Changez ma fortune inhumaine,
Je n'attens que de vous la fin de mes malheurs.

CLEONICE.

L' Amour s'attache auprés des belles
Autant que durent leurs froideurs ;
Mais dés qu'il est comblé des plus tendres douceurs,
On s'apperçoit qu'il a des aîles.

IDAS.

Pluſtôt l' Aſtre brillant , las d'éclairer le Monde,
Ne diſpenſeroit plus les Saiſons & les jours ;
Pluſtôt il ceſſeroit , en reprenant ſon cours ,
De rallumer ſes feux dans l'onde ;
Que les plaiſirs & les faveurs
Puſſent éteindre mes ardeurs.

CELIME à part.

Ah ! c'en eſt trop , je céde à ma colére extrême.

CLEONICE.

Vous brulerez toujours pour les mêmes appa !

IDAS.

Mon cœur toujours le même ,
Portera ſa tendreſſe au dela du trépas.
Célime . . .

CLEONICE.

C'eſt aſſez , je la voi qui s'avance.

IDAS.

Puiſſai-je avoir fléchy ſon injuſte rigueur !
  à Célime.
    Vous étiez en ces lieux, peut-étre que mon cœur,
    Devoit encor ſe contraindre au ſilence ?

CELIME.

    Je ſçay vos tendres ſentimens
    Pour payer les tranſports charmans,
    Où vôtre cœur s'abandonne ſans peine,
Apprenez que le mien juſte & ſûr de ſon choix.
    Vous jure une éternelle haine,
Et que vous me voyez pour la derniere fois.
Elle ſort.

IDAS.

    C'eſt trop m'inſulter, Inhumaine,
Je ſçauray m'affranchir de vos barbares Loix.

SCENE CINQUIE'ME.

CLEONICE, IDAS,

IDAS.

C'En eſt fait, je me livre au dépit que m'inſpire
Un malheureux amour tant de fois outragé ;
    Et mon cœur en couroux n'aſpire,
    Qu'au plaiſir de ſe voir vangé.

CLEONICE.

Que l'Inconstance,
Vous feroit trouver d'heureux jours!
Ne cherchez-point d'autre vengeance,
Formez de nouvelles amours.
Pour calmer de vos maux la juste violence,
Il n'est point de plus prompt secours,
Que l'Inconstance.

IDAS.

Quand je ne craindrois point en formant d'autres
nœux,
De me livrer à de nouvelles peines,
Qui voudroit d'un cœur malheureux,
Abbatu sous le poids des plus cruelles chaines,
Et qui traîne par tout son destin rigoureux?

CLEONICE.

Il est des cœurs fidelles,
Qui dans des chaînes moins cruelles,
Vous feroient trouver des douceurs ;
J'ay toûjours fuy l'amoureux esclavage.
Mais pour punir qui vous outrage,
Quel cœur ne voudroit pas terminer vos malheurs?

IDAS.

Qu'entens-je ?

CLEONICE.

Vous voyez jusqu'où va mon estime.....

SCENE SIXIE'ME.

CLEONICE, IDAS, CARLOS.

Suite de Carlos préparée pour le divertiſſement.

CARLOS.

Pourſuivez, exprimez vos amoureux deſirs,
Par de ſi doux tranſports, je conçoy vos plaiſirs.

CLEONICE.

Ciel !

IDAS.

Que vois-je ?

CARLOS.

J'ay crû m'adreſſer à Célime.

CLEONICE.

Sortons, laiſſons Carlos prendre ſoin de ces jeux.

CARLOS.

Je vais chercher l'ingratte, & ſçavoir qui l'engage
A differer de recevoir l'hommage,
Que luy rend, malgré moy; mon cœur trop amoureux,

Vous qui devez luy faire voir mon zéle,
Repetez entre vous vos danses & vos chants,
Et préparez vos sons les plus touchans,
Pour désarmer un cœur rebelle.

SCENE SEPTIE'ME.

Un Rocher artificiel s'ouvre ; on voit paroître une Barque ornée magnifiquement ; la Suite de Carlos déguisée en Pêcheurs & Matelots la remplissent ; elle s'approche, & les Matelots qui en sortent forment l'Entrée.

UN CONDUCTEUR DE LA FESTE.

L'Amour est le plus grand des Dieux.
            Tout ce qui respire
    Ressent son pouvoir glorieux.

Il commande aux mortels, il régne dans les Cieux,
L'Enfer même est soûmis à son puissant Empire.

L'Amour est le plus grand des Dieux.

CHOEUR.

L'Amour est le plus grand des Dieux.

SECONDE

BALLET.
DEUXIE'ME ENTRE'E.

LE MESME.

Suivons l'Amour,
Rendons-luy les armes.

CHOEUR.

Suivons l'Amour,
Rendons-luy les armes.

LE MESME.

S'il fait verser de tristes larmes,
Il sçait bien un jour
Finir nos allarmes.
Suivons l'Amour
Rendons-luy les armes.

CHOEUR.

Suivons l'Amour
Rendons-luy les armes.

LE MESME.

Hâtons-nous d'augmenter sa Cour,
On ne peut trop payer ses charmes,
Et le temps est un bien qui n'a point de retour,
Suivons l'Amour
Rendons-luy les Armes.

D

CHOEUR.

Suivons l'Amour
Rendons-luy les armes.

Les Matelots recommencent leurs Danses,

DEUX MATELOTTES.

De nos beaux jours faisons un doux usage,
Mille plaisirs s'offriront à nos vœux ;
    Qui s'engage
    Dans le bel âge,
    N'est-il pas sage,
    D'aimer ses nœux,
    Un tendre esclavage
    Nous rend heureux.

De nos beaux jours faisons un doux usage,
Mille plaisirs s'offriront à nos vœux.

SCENE HUITIE'ME.

Tous les Acteurs cy-dessus.

CARLOS.

J'Ay cherché vainement l'Ingrate que j'adore.
Quel sujet loin d'ici peut retenir ses pas ?
Quel trouble me saisit ? quel soupçon me devore ?
Tantôt dans ce Palais j'ay vû paroître Idas ?

Je suis trahi, grands Dieux ? faut-il que j'aime
  encore ?
Quoy ! faut-il que ma honte ait pour moy des appas !
    Eclaircissons mon embarras.
Ciel ! faites-moy connoître un malheur que j'ignore,
    Et vous, cessez d'inutiles concerts ;
      Je hais tout, je me hais moi-même,
Je voudrois me cacher la honte de mes fers,
Ou pluſtôt je voudrois dans ma colere extrême,
    Me cacher à tout l'Univers.

CARLOS continuë.

Numi voi ch' ognor vedete
Del mio ben l'ingrato core,
Nel ſuo ſen vibrate ardore,
O l'ardor d'al mio togliete.

Ma ſei Numi encora ſcerno,
Fatti ſordi alle mie pene,
Per ſnodar le mie catene,
Chiamo voi, ſpirti d'Averno.

Ma laſſo, onde mi guida,
A delirare un' adorato oggetto,
Chiamo le furie, e ho l'inferno, in petto.

FIN DU SECOND ACTE.

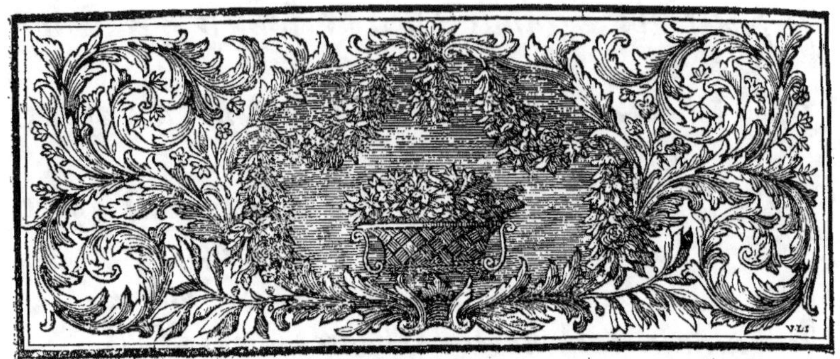

ACTE III.

Le Théatre représente une Solitude.

SCENE PREMIERE.

CLEONICE, SOSTRATE.

CLEONICE.

J'Ay vû tous les apprêts de la fête nouvelle,
Qu'à Célime en ces lieux vous prétendez offrir,
Et vous vaincrez son cœur rebelle,
Si le plus magnifique a droit de l'attendrir.

SOSTRATE.

Que ne fait-on pas pour plaire
Aux yeux dont on est charmé!
Quand un cœur tendre & sincere,
Est vivement enflamé,

Que ne fait-on pas pour plaire ?
En vain un objet severe ,
De mépris paroît armé ,
On croit vaincre sa colere ,
Et le moins aimable espere ,
Qu'un jour il doit être aimé ;
Que ne fait-on pas pour plaire
Aux yeux dont on est charmé.

Célime paroît infléxible ,
Ah ! si j'avois prévû son injuste rigueur ,
Cléonice auroit eû mon cœur.

CLEONICE.

Me croyez-vous moins insensible ?

SOSTRATE.

Chacun doit ceder à son tour
Du Dieu qui fait aimer tout ressent la puissance .

CLEONICE.

Qui vous fait présumer qu'un jour ,
Je doive être soumise à son obéïssance ?
Parlez !

SOSTRATE.

Non , j'ay promis de garder le silence ,
Vous penseriez qu'Idas m'auroit fait confidence ,
De la douceur qu'il trouve en son nouvel amour.

CLEONICE

Je n'ay pour vous ni secret ni mistere,
Idas, je l'avoûrai, vient de m'offrir ses vœux,
Je suis sensible à son sort rigoureux;
Mais...

SOSTRATE.

Je voi ce que je dois taire,
Vôtre timide cœur ne doit point s'allarmer;
Je sçay que pour Idas l'amour l'a rendu tendre;
Mais, ce n'est qu'à Célime, à qui je veux aprendre,
Que ce Prince à la fin a sçû vous désarmer.

CLEONICE.

Que dites-vous?

SOSTRATE.

Souffrez que de son inconstance,
Un fidele récit favorise mes feux.

CLEONICE.

Ah! si vous voulez être heureux,
Contraignez-vous plustôt à garder le silence;
Si par vos discours indiscrets,
Célime apprend mes sentimens secrets.
Craignez sa vanité jalouse:
Idas n'a point touché son cœur,
Mais plustôt qu'un autre l'épouse,
Elle se resoudra d'en faire son vainqueur.

BALLET.

SOSTRATE.

Quelle erreur ?..

CLEONICE.

Je veux bien servir vôtre tendresse,
Allez faire ordonner vos Concerts & vos Jeux,
Et de vôtre destin laissez-moy la Maîtresse,
Peut-être mon secours poura combler vos vœux.

SCENE DEUXIE'ME.

CLEONICE, IDAS,

CLEONICE.

MEs soins pour vous sont connus de Sostrate,
Vous êtes peu discret, Idas.

IDAS.

Laissez-moy de mon sort goûter tous les appas,
Je veux pour me vanger des mépris d'une Ingratte,
Qu'à ses regards jaloux mon changement éclatte,

Recevez mon cœur & ma foy,
Que l'Amour & l'Hymen sous une même loy,
Couronnent nos ardeurs & les rendent constantes.
Qu'ils préparent pour nous leurs plus tendres plaisirs,
Et que mille douceurs, sans cesse renaissantes,
Préviennent jusqu'à nos desirs.
Non, Celime...

CLEONICE.

Oubliez une ingratte Maîtresse,
Que Célime pour vous soit un nom odieux.

IDAS.

Non, non, j'y veux rêver sans cesse,
Pour la haïr, pour la mépriser mieux...
Mais puis-je montrer à vos yeux
Un reste de foiblesse?

CLEONICE.

Expliquez-vous?

IDAS.

Carlos par ses soins assidus,
A soûmis la fiere Célime,
Elle aime, rendons ses projets superflus:
Empêchons son hymen...

CLEONICE.

Quelle ardeur vous anime?
Cruel! vous me juriez que vous ne l'aimiez plus,
Vous me trompez, vous vous trompez vous-même,
Non, vous ne m'aimez point, Idas,
Vôtre vengeance seule a pour vous des appas,
Sous le nom de l'Amour vôtre dépit extrême,
Vous fait attacher à mes pas;
Vous me trompez, vous vous trompez vous-même,
Non, vous ne m'aimez point, Idas;
Et pour comble de maux, hélas!
Je sens trop bien que je vous aime.

IDAS.

IDAS.

Ne doutez plus de mon Amour,
Célime vient, vous allez le connoître,
Une ardeur que vous faites naître,
Ne doit point redouter de se montrer au jour.

SCENE TROISIE'ME.

CELIME, CLEONICE, IDAS.

IDAS à Célime.

JE vais vous délivrer bien-tôt de ma présence,
Ne craignez point d'avancer en ces lieux,
Je veux seulement que vos yeux,
Soient témoins de mon inconstance.
Vous ne troublerez plus ma gloire & mon repos,
Cléonice est l'objet pour qui mon cœur soûpire.

CE'LIME.

Un doux Hymen avec Carlos,
Est le seul bonheur où j'aspire.

IDAS.

Vous l'aimez ? cet Hymen comblera tous vos vœux.

CE'LIME.

Que vous importe, si je l'aime ?

E

IDAS.

Loin de m'en allarmer, j'aurai du plaiſir même
A vous voir couronner ſes feux.

Quand de vôtre funeſte empire,
Je n'aurois pû me dégager ;
Vôtre choix ſeul pourroit ſuffire,
A vous punir & me venger.

Il ſort.

SCENE QUATRIE'ME.

CE'LIME, CLE'ONICE.

CLE'ONICE.

IL voit que contre luy vôtre cœur ſe déclare,
Il ne vous cache plus ſes volages amours ;
Mais puis-je croire à vos diſcours ?
En faveur de Carlos vôtre Hymen ſe prépare !

CE'LIME.

Que vous m'allez coûter de ſoûpirs & de pleurs,
Cruel dépit, triſte vengeance ?
Quoi ? ne puis-je punir un traître qui m'offence,
Sans me livrer aux plus vives douleurs ?

En vain de mon courroux la juste violence,
Veut domter un penchant qui cause mes malheurs,
D'un tirannique Amour la barbare puissance,
Des mépris d'un Ingrat, ranime mes ardeurs.
          Cruel dépit ! triste vengeance !
Que vous m'allez coûter de soûpirs & de pleurs !
Pourrai-je me donner à l'objet de ma haine ?
          Sort fatal ! barbare rigueur !

CLE'ONICE.

La raison sur l'amour doit être souveraine.

CE'LIME.

          Hé bien ? il faut vaincre mon cœur.
          Mais avant qu'un triste Hymenée,
Asservisse à Carlos ma vie infortunée,
          Je veux qu'Idas accablé de mépris,
Te trouve plus que moi rigoureuse, inflexible ;
Sa peine, en me perdant, deviendra plus sensible,
Lorsque de mes bontez il connoîtra le prix.

CLE'ONICE.

          Si son hommage est sincere,
          Pourquoi dois-je le mépriser ?

CE'LIME.

O Ciel ! si cet hommage a de quoy me déplaire,
     Pouvez-vous bien ne le pas refuser ?
                              E ij

CLEONICE.

L'amour peut malgré moi l'avoir mis dãs ma chaîne,
Eſt-ce un crime aſſez grand pour devoir le punir?

CELIME.

Vous devez partager ma haine,
Si l'amitié ſçait nous unir.

CLEONICE.

Vous croïez n'écouter qu'une haine éclatante,
Un malheureux amour ſçait ſe cacher ainſi.

CELIME.

Vous vous vantez d'avoir une ame indifferente,
Et peut-être aimez-vous auſſi.

CLEONICE.

J'aimerois?...

CELIME.

C'eſt aſſez, achevons de me vaincre,
Faites venir Carlos, je l'attens en ces lieux;
J'eſpere qu'aiſément vous pourrez me convaincre,
Que j'ay tort de former des ſoupçons odieux.

SCENE CINQUIEME.

CELIME seule.

Elle aimeroit Idas ? ô Ciel impitoyable !
Quel seroit ton malheur, Princesse deplorable ;
Mais, quel nouveau soupçon agite mes esprits !
Peut-être à me trahir la perfide l'engage ..
  Mais Dieux ! en est-il moins volage ?
  Et moins digne de mes mépris ?

On entend une agréable Simphonie.

  J'entens d'agréables Concerts ;
Sostrate vient, tâchons de luy cacher mes larmes,
Suis-je en etat, Helas ! de ressentir les charmes,
  Des plaisirs qui me sont offerts.

SCENE SIXIE'ME.

CELIME, SOSTRATE.

Chœur & Trouppe de suivants de Sostrate
déguisez pour la Fête

Le Théatre change & represente des Jardins
magnifiques.

SOSTRATE.

PAr ces Jeux innocents, mon amour & mon zéle
Peuvent sans vous blesser, se montrer à vos yeux,
Heureux si les plaisirs d'une fête nouvelle,
Sont dignes d'occuper vos regards curieux.

Chantez une beauté digne d'être immortelle,
C'est une autre Venus plus puissante & plus belle,
A qui l'amour doit ses charmes vainqueurs
Dés qu'on la voit paroistre,
Ses regards le font naistre
Dans tous les cœurs.

LE CHOEUR.

Chantons une beauté digne d'être immortelle,
C'est une autre Venus plus puissante & plus belle,
A qui l'Amour doit ses charmes vainqueurs;
Dés qu'on la voit paroître
Ses regards le font naître
Dans tous les cœurs.

ENTRE'E DE LA SUITE DE SOSTRATE,

UN PASTRE.

Pourquoy chercher à se deffendre,
Lorsque l'amour veut nous charmer ?
Il fait sentir au cœur le moins tendre,
Le feu secret dont il veut l'enflamer,
Et, tôt où tard, chacun doit se rendre,
Aux traits vainqueurs qui nous forcent d'aimer.

UNE BERGERE.

Cedons à la tendresse,
Suivons le Dieu des amours,
Le tems de la jeunesse,
Ne doit pas durer toûjours ;
Est-ce avoir de la sagesse,
Que de perdre ses beaux jours.

La suite de Sostrate recommence ses danses.

CELIME.

Vôtre ardeur à mes yeux s'est assez fait connoître,
Je ne veux point flater d'un inutile espoir,
L'amour que vos soins me font voir,
Et dont vôtre dépit ne seroit plus le maître ;
Carlos doit être mon Epoux.

SOSTRATE.

Carlos ?

CELIME.

De son bonheur ne soyez point jaloux,
Contentez-vous de mon estime,

Et plaignez la triste Célime,
Qui se voit mille fois plus à plaindre que vous.

SOSTRATE.

Je ne m'attendois pas, à cet aveu sincere,
Quoi! vous rendez Carlos heureux?
Je plaindrois moins mon destin rigoureux,
Si pour Idas cessant d'être severe,
De ce parfait Amant vous couronniez les feux.

CELIME.

Ah! ne me parlez point d'un traître, d'un parjure.

SOSTRATE.

Vos mépris l'ont forcé de faire un autre choix.

CELIME.

Non, non, j'en ai reçû la plus cruelle injure,
Tandis qu'il me juroit une ardeur tendre & pure,
De Cléonice il adoroit les loix.

SOSTRATE.

Songez que Cleonice l'aime,
Ecoutez moins un aveugle courroux,
J'ay connû son amour extrême.

CELIME.

Qu'entens-je? & que me dites-vous?

SOSTRATE.

Je voi paroître Idas, penetrez ce mistere;
Sçachez d'où vient son changement.

CELIME

CE'LIME à part.

Hélas ! si le sort moins contraire,
Pouvoit me rendre mon Amant ?

SCENE SEPTIE'ME.

CE'LIME, IDAS, SOSTRATE.

IDAS.

CLéonice en ces lieux, m'ordonne de me rendre,
Mais je craindrois de troubler vos plaisirs.

SOSTRATE.

Non, demeurez ; je n'ay rien à prétendre.
Je ne veux point gêner vos amoureux soupirs.

Sostrate se retire avec sa suite.

SCENE HUITIE'ME.

CE'LIME, IDAS.

CE'LIME.

JE fais venir Carlos, je dois icy l'attendre
Tout est prêt pour combler ses veux & mes désirs.

F

IDAS.

Vous croïez me braver, Ingratte ?
Non, vos mépris ont étouffé mes feux.

CÉLIME.

Peut-être pensez-vous que mon dépit éclate ;
Non, je suis le penchant de mon cœur amoureux.

IDAS.

Vous sentiez pour Carlos une amoureuse flame !

CÉLIME.

J'ay pris assez de soin de l'offrir à vos yeux.

IDAS.

Et la haine pour moy, regnoit seule en vôtre ame !

CÉLIME.

Les traîtres me sont odieux.

IDAS.

Ah ! pour vous excuser, cruelle,
N'accusez-point mon cœur d'une ardeur infidelle,
Il n'a que trop souffert vos injustes mépris.

CÉLIME.

Tantôt dans cette solitude,
Vous plaigniez-vous de mon ingratitude ;
Quand je me suis offerte à vos regards surpris,
Rien ne troubloit alors vôtre tendresse extrême,
Cléonice écoutoit vos amoureux desirs.

IDAS.

Vous sçavez mieux que moi que c'étoit à vous-même,
Que s'adressoient, helas! de trop tendres soupirs.
Mais c'est trop insulter au tourment qui m'accable ;
Craignez la vangeance des Dieux?

CÉLIME à part.

Serois-je assez heureuse, ô Dieux !
Pour me trouver coupable?

à Idas.

Je ne puis croire à vos discours,
Ingrat, je le voi bien, vous voulez me surprendre.

IDAS.

Vous avez toûjours feint d'apprendre
Une ardeur trop fatale au repos de mes jours ;
Cléonice à mes pleurs plus sensible & plus tendre ,
M'avoit flaté qu'en ces détours,
Elle pourroit vous engager d'entendre ,
Les maux où m'ont livré mes funestes Amours.

CELIME.

Ah ! nous étions trahis ; l'Ingrate Cléonice ,
M'imposoit par cet artifice ;
Je la croïois l'objet qui plaisoit à vos yeux.

IDAS.

Ciel ! vous souffrez qu'un mensonge odieux
Accable ainsi les cœurs fidéles?

CE'LIME.

Ah ! ne nous plaignons point des Dieux,
Nous leur devons plutôt des graces éternelles.

IDAS.

Vous étiez-donc sensible à mon ardeur?

CE'LIME.

Vous avez tantôt vû mon trouble & mes allarmes,
Ma joye en ce moment vient m'arracher des larmes,
Ne découvrez vous pas le secret de mon cœur?

IDAS.

Est-il un sort plus favorable?

CE'LIME.

Quels transports de plaisir pour mon cœur amoureux!

IDAS.

Quoi vous m'aimiez ? mais estiez-vous capable
De croire que mon cœur pût former d'autres nœux?

CE'LIME.

L'Amour par une douce & secrette puissance,
M'assûroit de vôtre innocence,
Que n'en croyois-je, helas! mes tendres sentimens!
Qu'une parfaite intelligence ,
Nous auroit à tous deux épargné de tourmens!
Et qu'une aveugle défiance
Est un supplice affreux pour les tendres Amants!

CE'LIME, IDAS.

Qu'une parfaite intelligence,
Nous auroît à tous deux épargné de tourmens!
Et qu'une aveugle défiance
Est un supplice affreux pour les tendres Amants!

CE'LIME.

Mais je veux exercer une juste vengeance
Sur celle qui prétend joüir de mes malheurs;
Elle vient, demeurez, ses perfides ardeurs
Ne réüssiront pas selon son esperance.

SCENE DERNIERE.

CE'LIME, CLE'ONICE, IDAS, SOSTRATE, CARLOS,

CLE'ONICE à Carlos.

Venez, joüissez de la gloire
Que l'Amour fait briller sur un Amant vainqueur;
Et goûtez à loisir la paisible victoire,
D'avoir soûmis un insensible cœur.
L'hymen forma pour vous la plus aimable chaîne.

CARLOS.

J'attendois dés longtemps ce succés de mes soins;
Mais avoit on besoin pour terminer ma peine
De rassembler tant de témoins?

à Célime.

Sortons, allons conclure un heureux hymenée.

CÉLIME.

Vous vous troublez, Carlos, que me proposez-vous?
Sçavez-vous qu'en cette journée
J'ai fait choix d'Idas pour Epoux?

CARLOS, CLEONICE.

Idas!

CLÉONICE.

Quel changement étrange!
Vous m'avez pour Carlos expliqué vôtre amour.

CÉLIME.

Ne vous étonnez point, perfide, si je change,
Vos projets odieux se sont montrez au jour.

CLÉONICE.

Ah! Ciel!

CARLOS.

Quoi donc? pour toute récompense
Des feux dont je me sens brûler,
On insulte aux malheurs dont on veut m'accabler?

à Cléonice.

Pourquoi me flattiez-vous d'une vaine esperance?
Perfide, vous pourriez trembler,
Si vous étiez digne de ma vengeance.

à Célime.

Pour vous, qui méprisez mon amour & ma foi,
Sçachez que mon ardeur pour jamais est finie;
Et que mon cœur vangé vous trouve assez punie
    De perdre un Amant tel que moy.

                    Il sort.

IDAS à CLEONICE.

Pardonnez si je rentre en ma nouvelle chaîne,
Je plains vos déplaisirs, je conçoi vôtre peine,
    Mais le Sort veut nous séparer.

CLEONICE.

Calmez de vôtre esprit la vaine inquiétude;
Si pour moi cette perte est un tourment si rude,
Sostrate m'offrira dequoi la réparer,
J'approuve ses desirs, & mon ame ravie....

SOSTRATE.

J'ai fait deux fois en vain éclater mon amour,
    Et deux fois en ce même jour
J'ai vû de fiers mépris ma tendresse suivie;
Le Ciel en s'opposant au succés de mes feux,
Me présage en amour un destin rigoureux,
    Je ne veux aimer de ma vie.

CLEONICE à part.

C'en est trop, je succombe à mes cruels malheurs,
Fuïons, allons cacher ma honte & mes douleurs.

CE'LIME, SOSTRATE, IDAS.

Qu'à célébrer ce jour chacun de nous s'empreſſe,

SOSTRATE.

Le Ciel a fini $\left\{\begin{matrix} vos \\ nos \end{matrix}\right\}$ tourmens.

CE'LIME, IDAS.

Tôt ou tard les tendres Amants
Triomphent des malheurs qui troubloient leur tendreſſe.

LE CHOEUR

Qu'à célébrer ce jour chacun de nous s'empreſſe,
Le Ciel a fini nos tourmens.
Tôt ou tard les tendres Amants
Triomphent des malheurs qui troubloient leur ten-
dreſſe.

La Suite de Célime ſe réünit pour célébrer les
Nôces de la Reine. Le Peuple de Naples &
pluſieurs Napolitains maſquez ſous diverſes fi-
gures s'y joignent.

UN NAPOLITAIN.

Profitons tous de l'heureux tems
De nos beaux ans ;
Laiſſons-nous enflammer,
Tout doit aimer :
Goûtons en paix les vrais plaiſirs
Que l'amour offre à nos deſirs ;
Ses doux tranſports, ſes jours charmans,
Nous payent bien de ſes tourmens ;

Il rend heureux, s'il fait souffrir,
S'il vient blesser, c'est pour guérir;
Livrons toute nôtre ame
A ce Dieu plein de flâme,
L'excés de ses ardeurs
Excusera les fautes de nos cœurs.

Les Napolitains continuënt leurs Danses.

CE'LIME.

Ch'i di morte
Tra l'ombre s'aggira,
E' gia mira,
L'o strale,
Fatale,
Se scintilla
Favilla
Di speme;
Quanto gode felicita,
Fortunato il mio core lo sà.

SECOND COUPLET.

Ch'i d'amore
Nel mare s'i trova,
Quando prova
Tempesta
Funesta,
S'alla riva
Arriva
Ché brama.

G

Quanto gode felicita,
Fortunato il mio core lo sa.

DERNIERE ENTRE'E.

LE CHOEUR.

Qu'à célébrer ce jour chacun de nous s'empresse,
Le Ciel a fini nos tourmens.
Tôt ou tard les tendres Amants
Triomphent des malheurs qui troubloient leur ten-
dresse.

FIN DU TROISIE'ME
ET DERNIER ACTE.

www.ingramcontent.com/pod-product-compliance
Lightning Source LLC
LaVergne TN
LVHW021759170726
843503LV00007B/2929